창가의 女人

디카시 & 여행숏폼

책머리에

흘러가는 자연이 나의 시선을 끌어 스마트폰에 안기면 난 그의 숨은 스토리를 꺼냈다. 이것이 디카시이다.

여행 숏폼은 여행의 흔적痕迹이다.

지금은 AI가 인간에게 들어와 모든 것을 장악하려고 한다. 이미 AI에게 빼앗긴 영역도 많다. 문학도 이에서 벗어날 수 없다. ChatGPT에게 제목을 주고 시, 수필, 소설, 그림을 부탁하면 멋진 작품을 만들어 보여 준다. 처음엔 이를 보고 놀라며 작가의 존재가 위협 받는 것이 아닌가 했다. 내가 ChatGPT에게 "데이터뱅크에서 꺼내서 나에게 답하는 것 맞나요?"라고 했더니, ChatGPT는 "입력된 데이터뱅크에서 꺼내와 답하는 것은 아니다"라며 미리 학습된 지식과 문맥을 이해하는 능력을 이용해서 사용자의 질문에 가장 알맞은 답을 즉석에서 생성한다고 한다. 다만 사용자가 "인터넷에서 찾아줘", "웹 검색해줘"라고 하면 "웹 검색 도구를 사용해 새로운 정보를 찾아볼 수 있어요"라고 했다.

AI가 문학의 장르까지 들어와도 우리 작가는 자신들의 독창적인 상상력으로 작품을 써 갈 것이다. 결코 AI가 침범할 수 없다는 생각으로 이번 디카시와 여행숏폼을 선보인다. 읽는 독자들이 쉼과 기쁨을 나의 작품에서 얻을 수 있기를 바란다.

이 책의 출판을 위하여 애써 주신 명성서림 박종래 회장님과 직원들에게 고마운 마음을 전합니다.

모든 분께 행복한 나날이 되기를 바라면서, 2025년 11월 가을의 끝자락에서 인사말을 마칩니다.

2025년 11월 20일

02 / 책머리에

제1부 가을 품었네

08 / 아, 고흐
09 / 지지 않는 무스띠에 별
10 / 소생
11 / 청옥산 샤스타데이지
12 / 달고 맛있네
13 / 붉은 꼬마 장미
14 / 손자의 선물
15 / 하얀 꿈 조각
16 / 누구 집이지?
17 / 벽돌담 바라보며
18 / 코스타리카에서
19 / 크루즈여행 중 캐빈에서
20 / 연밥
21 / 가을 품었네
22 / 해변에서
23 / 봄나들이
24 / 석양夕陽 1
25 / 베르동강
26 / 아스타꽃
27 / 니스 해변
28 / 창가의 女人
29 / 돌개 바람

제2부 호수에 빠진 봄

32 / 퐁비에이유(Fontvieille)에서
33 / 석양夕陽 2
34 / NOTRE DAME de PARIS
　　　- french tour
35 / 나 홀로
36 / 호수에 빠진 봄春
37 / 하와이 시계
38 / 니코스 카잔차키스
39 / 니코스 카잔차키스 기념관
40 / 카프리 자연동굴
41 / 알리기에리 단테
42 / 여치의 망중한忙中閑
43 / 노란 등불
44 / 벚나무 봄 채비
45 / 오두막 밖
46 / 먹구름
47 / 돌담길
48 / 청춘靑春과 노경老境
49 / 석양 3
50 / 난해難解
51 / 온누리 품었네
52 / 괴테를 부른 은행잎
　　　(Ginkgo Biloba)
53 / 프라타나스 나무

제3부 기상나팔

56 / 축배
57 / 맨드라미
58 / 현봉학 박사 동판
59 / 구름 한 조각
60 / 청년의 비상飛上
61 / 열매를 보내고도
62 / 한 마음
63 / 유관순 명예 졸업장
64 / 문주란
65 / 녹색 가을
66 / 기상나팔
67 / 약탕기의 외출
68 / 할아비 웃음
69 / 따개비
70 / 가화만사성
71 / 갈매기의 꿈
72 / 포도
73 / 허수아비
74 / 여름날의 멜로디
75 / 환희歡喜
76 / 망초 나물
77 / 절벽 오르기

제4부 코스모스

80 / 빈집 단풍
81 / 물속 하늘
82 / 목화 꽃
83 / 야무진 꿈
84 / 대한민국의 꽃
85 / 결혼
86 / 게르
87 / 향기
88 / 해당화
89 / 상추
90 / 정원 석이 좋아
91 / 옛집
92 / 빌딩
93 / 끈질긴 생명
94 / 쓰개치마
95 / 새끼 토끼
96 / 한글
97 / 삶을 송두리 체
98 / 코스모스
99 / 감나무
100 / 장미가족
101 / Albert Camus

제5부 쓰러진 벼

104 / 풋감
105 / 밤톨 삼형제
106 / 복숭아
107 / 천도 복숭아
108 / 청포도
109 / 쓰러진 벼
110 / 탱글탱글
111 / 유자나무
112 / 무화과
113 / 앵두나무
114 / 배추 밭
115 / 은행나무
116 / 대나무
117 / 등대
118 / 성벽과 가로등
119 / 한강대교
120 / 남산 서울타워
121 / 63빌딩
122 / 덕수궁 돌담길
123 / 청보리 밭
124 / 달 바라보기

제1부

가을 품었네

아, 고흐

프로방스 아를 고흐가 입원했던
생 폴드 모솔 정신병원 정원에 핀 붓꽃

고흐를 본 붓꽃
보랏빛 꽃잎 속 감추고
슬픔의 미소 짓는다

2025년 3월 29일

지지 않는 무스띠에 별

프랑스
무스띠에-셍트-마히 마을
협곡 사이 공중에 떠 있는 별

밤이나 낮이나
지지 않는 하얀 무스띠에 별

2025년 3월 31일

소생

고목古木에
터지고 갈라진 두꺼운 껍질 속

생명이 꿈틀꿈틀
푸른 펜촉이 나온다
저 펜으로 봄날의 글을 써볼라나

2025년 3월 25일

청옥산 샤스타데이지

평창 청옥산에 하얀 샤스타데이지

태생은 미국 설산
하얀 샤스타데이지
한국으로 이주하여

노스탤지어의 손수건이 되어
하늬바람타고 와 흔들고 있다

2024년 6월 28일

달고 맛있네

아들의 유년시절
아이스캔디 빨며 행복한 모습

그는 이제 지천명
29살 딸과 26살 아들의
아비가 되었다

2025년 9월 25일

붉은 꼬마 장미

아유, 앙증맞게 핀 것좀 봐
지금이 어느 때인데
가을 찬비에 아랑곳 않고
붉은 피 한 방울 떨쳐 놓고
주변을 환하게 밝히고 있네

2025년 9월 20일

손자의 선물

틸란드시아(Tilandsia)
잎에 있는 미세한 솜털로
공기 중 수분과 유기물을 흡수 한다는 틸란드시아

어버이날
손자, 양도경의 선물
오래오래 가슴에 남네

2023년 5월 8일

註: 어버이날 손자, 양도경이 할머니, 할아버지에게 선물한 식물, Air Flant라고 하는 Tilandsia(틸란드시아)를 선물로 받고서.

하얀 꿈 조각

진녹색 감나무 잎들 아래
하늘은 푸르게 펼쳐 있고

하얀 꿈 조각
거기 머물고 있어 안식을 취하네

2024년 8월 29일

누구 집이지?

큰 정원석에
쏙 들어간 곳
진흙으로 메워져 있고
가운데 작은 구멍이 나 있다

누구의 집일까?
단추 크기만 한 집

2025년 9월 30일

벽돌담 바라보며

벽돌담 바라보며
시멘트 귀퉁이에
기어가듯 피어있는 작은 꽃

바람 불어도 좋고 밟혀도 끄덕없는
스스로 좋다하네

2025년 9월 29일

코스타리카에서

코스타리카 여행 중
두 동생과
망중한을 즐기며

2018년 2월 15일

왼쪽 첫 번째 : 草祐 김 형애 작가
가운데는 두 번째 동생, 김 형열
오른쪽은 첫 번째 동생, 김 형이

크루즈여행 중 캐빈에서

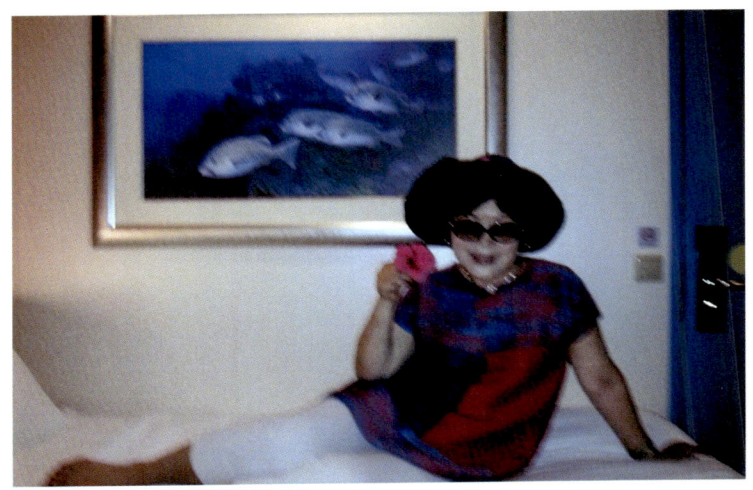

카리브해 크루즈 여행 중
하와이 무궁화 꽃을 들고

캐빈에서 즐거워하는 모습
저 꽃처럼 열정적인 삶이 되기를
무궁화는 대한의 국화

2025년 9월 24일

연밥

빗방울 머금던 우아한 연꽃은
사라지고

숭숭 뚫린
까맣게 탄 가슴만 남았네

2025.9.13. (바다향기수목원에서)

가을 품었네

여름의 끝자락
드높은 푸른 하늘

짙은 녹색 나뭇잎 사이로
시몬의 낙엽 밟는 소리에
가을이 걸어오고 있다

2025년 9월 5일

해변에서

여름날
해변에서

추억은 출렁출렁
파도를 타고

2025년 7월 7일

봄나들이

호수는 겨울 내내 얼은 얼굴
봄 햇살로 씻고 윤슬로 반짝반짝
잠에서 깬 오리들
친구들과 수다 중
수초들도 거든다고
푸른 저고리로 갈아 입었다

2025년 3월 1일

석양夕陽 1

하루를 흘려보내고

잠잠히 고요 속에
잠기는 태양

분홍치마 펼쳐놓고
나뭇잎도 산등성이도
호수도 침묵沈默

2024년 11월 20일

베르동강

프랑스 남동부
알프드오트프로방스 주에 있는 협곡

베르동강 물은 청록색
자연 그대로인 신비의 오묘함

배 한척 관광객 안고 유유하다

2025년 3월 31일

아스타꽃

정원에 아스타 한포기 보라빛
식구 늘려가기에 바쁘다
늦여름부터 핀다고 했으나
봄부터 피어 가을이 오는 지금까지
새 깃털 같은 별모양을 뽐내며
벙글벙글 웃고 있다

2025년 10월 6일

니스 해변

지중해 니스해변
에메랄드빛 하늘과 바다 바라보며
한가롭게 한담閑談하는 사람들

칸영화제는 무대설치 중
나는
친구를 향하여 포즈를 취해 보는데…

2025년 4월 1일

창가의 女人

창가에 걸터 앉은 나체 여인
온갖 물감으로 화려한 분장
그녀의 마음은 청순淸純, 하얀색
하이힐 신고 외출할 기미
아직 오지 않은 꿈을 찾아

2025년 3월 31일

돌개바람

돌개 바람이 구름 일으켜
높이 높이 올라가고 있다
그 아래 구름도 꿈틀거리며
올라가는 꽁무니
잡으려 한다
그 속에 인간들이 보인다

2025년 10월 10일

제2부

―――

호수에 빠진 봄

퐁비에이유(Fontvieille)에서

프랑스 남쪽 끝 퐁비에이유

풍차방앗간을
찾았던 문우들과 찰칵

예전 우리의 고유 물레방아
어디에서 돌고 있을까

2025년 3월 29일

석양夕陽 2

떠 오를 때 희망이
저무를 때 보람되었네

2025년 10월 3일

NOTRE DAME de PARIS - french tour

노틀담성당 대주교 프롤로
성당 종지기 꼽추 콰지모도
근위대장 페뷔스 집시 여인 에스메랄다
세 남자가 사랑하는 에스메랄다
교수형 당하는 에스메랄다

"오, 노트르담! 오. 단 한번만
그녀를 나의 것이 되게 해주오.
에스메랄다." 프롤로의 고백

그 누구의 인생도 벗어날 수 없는
숙명의 노래가 울려 퍼진다.
FATALITE 숙명이여!

사진 설명: 좌측 붉은 옷 입은 꼽추 성당 종지기, 콰지모도. 중앙 검은 옷 입은 대주교, 프롤로. 우측 푸른 옷 입은 근위대장 페뷔스. (노트르담 드 파리는 파리를 배경으로 한 사랑이야기로 프랑스의 대문호, VICTOR HUGO의 원작을 뮤지컬로 만든 작품이다. 한국에서는 2005년 공연에 이어 20년 만에 세종문화회관에서 재공연 되었다.)

2025년 9월 27일

나 홀로

거뭇스레 하던 친구들은
검게 흔적 남기고 떠났고

나 홀로 여기에 키세워
등불 밝히고 있네
머지않아 친구들도 푸릇푸릇 일어날거야

2025년 8월 27일

호수에 빠진 봄春

연녹색으로 늘어진 수양버들
산등성이에 핀 노란 개나리 아씨
연분홍에 수줍음 물고 온 벚꽃

사랑의 몸살, 고열高熱로
호수 속에 잠영하고 있는 봄, 봄

2024년 4월 2일

하와이 시계

하와이
짙푸른 하늘에 뭉개구름 흐르고
관광객 태운 배는 물살을 가른다
해변에 야자수가
해풍에 훌라춤을 춘다

1982년 5월 6일

註: 연세대학교 연세의료원 행정실장으로 재직 중에 미국 출장 후 귀국 길에 하와이 호놀룰루 공항에서 구입한 하와이 시계(1982년).바탕색과 팜 추리 색이 퇴색되었다. 43년 된 시계이나 시간은 1초도 안 틀린다.

니코스 카잔차키스

지중해 동부, 에게해 남부에
크레타 섬
니코스 카잔차키스(Nicos Kazantzakis)
잠들어 있었다
생전에 써 놓았다는 비석명
"Den elpizo tipota(I hope for nothing),
Den forumai tipota(I fear nothing),
Eimai eleftheros(I am free)."

註: 니코스 카잔차키스는 그리스의 유명한 소설가이자 시인이다. 대표작으로 『그리스인 조르바』가 있다. 2019년 저자는 그의 묘가 있는 크레타 섬을 계간문예 작가회 회원들과 함께 방문하였다.

니코스 카잔차키스 기념관

니코스 카잔차키스의 고향
크레타 섬 그곳에 그의 기념관
방명록에 아래와 같이 써 놓았다
"그리스에서 멀리 떨어져 있는 동방의
작은 나라, 대한민국에서 온 시인이며
수필가인 김 형애.
오늘 2019년 6월 19일 보고 싶었던 당신,
카잔차키스를 만나서 매우 기쁩니다."

註: 기념관을 둘러본 후 카잔차키스 사진이 걸려 있는 벽 앞 의자에 한국문학발전포럼 정종명이사장과 함께 잠시 쉬고 있는 저자의 모습

카프리 자연동굴

지중해의 진주 카프리 섬
바다에 우뚝 솟아 있는
두 개 바위 사이
자연동굴 앞
에메랄드 빛 보다 아름다운 물빛

2019년 6월 28일

알리기에리 단테

Alighieri Dante
1265년 이탈리아 피렌체 출생
신곡(La Divina Comedia) 저자

그를 찾아 이탈리아로
간 草祐 저자

2019년 6월 21일

여치의 망중한忙中閑

노랑 꽃방석에 앉아
추색秋色의 조음潮音에 빠진 여치

향기에 취해 가을 깊은 줄
모르고 한나절 내내 그 자리에서
독서삼매경에 빠져 있네

2025년 10월 9일

노란 등불

늦게 핀 장미꽃 한 송이
할 일은 해야 한다고
벌나비 오지 않아도
밤낮으로 노랗게
등불 켜고 있네

2025년 10월 20일

벚나무 봄채비

벚나무 벗님이여
화사한 봄꽃 벚나무
온통 핑크색으로 온누리 물들였지
어느덧 가을의 문턱에서
떠나갈 채비하느라 눈물방울 같은
낙엽되어 소복히 쌓여가네
일찍 왔다가 일찍 떠나는 그대여

2025년 10월 9일

오두막 밖

오두막 밖
보라색 쑥부쟁이 피었고
흐르던 물소리 멈추더니
잡초만 갈바람 맞이하네

2025년 10월 10일

먹구름

먹구름 뭉게뭉게 일고 있는 걸까
나라 걱정에
그래, 저력이 있는 나라이지
곧 해맑은 흰 구름 펼쳐지겠지

2025년 10월 9일

돌담길

함께 걷던 그 돌담길

추억은 가고
옛이야기 서린 돌담길은
우수에 잠겨 있다

2025년 9월 30일

청춘青春과 노경老境

청춘은
광합성 일

노경은
바람 따라 유유자적하며
잠시 청춘어깨 위에 앉아
나도 너희 때가 있었지

2025년 10월 15일

석양 3

저무는 순간까지
노을치마 펼쳐놓고
포도주 마시며 낭만에 젖어보네

욕망과 질투로
이글이글 타오르던 때가 있었지

2025년 5월 20일

난해難解

프랑스 생폴드방스에서
만난 조각품
작품명도 작가명도 없는
난해難解한
많은 이야기가 있을 듯하다
엉킨 듯 서로 붙들고 껴안은
심오한 걸작품이네

2025년 4월 1일

온누리 품었네

저 멀리 수평선의 평안
바다 가운데 활력이 넘쳐 출렁출렁
해변가에는 하얀 포말로
변함없이 세탁중
하여 바닷가 모래는 반짝반짝

2025년 10월 11일

괴테를 부른 은행잎(Ginkgo Biloba)

은행을 다 털어낸 나뭇잎
노란 카페트 깔고 노란 커튼 쳤네
괴테의 시 〈Ginkgo Biloba〉가 생각난다
그의 연인 마리안네 빌레메르에게 보낸 시
'둘이서 하나이고, 하나이면서 둘인
이 나뭇잎은 어느 나무에서 왔는가
기묘하게도 하나인 듯 둘로 나뉘었네
혹시 이 잎이 나에게 비밀을 말해 주는걸까
내가 하나이면서도 둘이고
둘이면서 하나라는 것을.'
괴테와 마리안네 빌레메르의
사랑이 깃든 길

2025년 11월 17일

프라타나스 나무

까만 열매 달고
프로방스 봄을 맞이하는 너
하늘 길 가던 구름이 멈추며
말을 건다
"새싹이 곧 나오니 열매를 털어내라고"

2025년 4월

제3부

―――

기상나팔

축배

해외 인문학 기행 중
프랑스 마르세이유
저녁 만찬에서

축배,축배!
여행은 즐거워

2025년 4월 1일

註: 계간문예 주최 2025년 남프랑스 해외인문학기행 중 마르세이유에서 오른쪽 첫 번째 정종명이사장, 두 번째 차윤옥 편집장 왼쪽 첫 번째 방지원시인, 두 번째 草祐 김 형애 시인&수필가

맨드라미

붉은 햇덩이 한조각
정원에 앉았네
온 주위가 따뜻하고
사랑스럽네

2025년 10월 18일

현봉학 박사 동판

연세대를 빛낸 얼굴 동판
왼쪽 첫 번째 윤동주 시인
오른쪽에서 두 번째 현봉학 의학박사
1982년 미국출장 중 만난 분
미국병원 의료기를 세브란스 병원에
기증하도록 도운 분
6.25전쟁 시 연합군의 흥남 철수 결정시
10만 명의 피난민을 무사히 구출
"한국의 모세"라는 별명

2025년 10월 16일

註: 제11차 세계한글작가대회에 참석 중 백양누리 그랜드 볼룸 입구에서 그의 동판을 발견하고 그 아래에서 사진 한 장을 남겼다. 나의 세 번째 수필집 『내 여로(旅路)의 페치카에서』 '현봉학 박사를 기억 하며'의 수필이 184쪽~188쪽에 실려 있다.

구름 한 조각

연세대 백양로
높아진 청청하늘에
구름 한 조각 놀고 있다

청춘의 꿈이 서린
학문과 지성의 연세대 캠퍼스

2025년 10월 15일

청년의 비상飛上

검은 구름 몰려와도
청년들 손 높이 들고
파이팅 외치며
언젠가는 흰 구름 몰려올테니
비상飛上

2025년 9월 5일

註: 외손녀 몽골 여행 중 보내온 카톡에서

열매를 보내고도

샤인머스켓
따낸 흔적

연녹색 새싹
봄 남기었네

통글통글 연두열매 키우기 위해
제 할 일 다 했다 하네

2025년 10월 20일

한마음

신작로新作路에 마주 앉아
기쁨 나누는 두 처녀

무엇을 속닥댈까
저 하늘만 아는 이야기

2025년 9월 5일

유관순 명예 졸업장

유관순 열사!
영원한 우리의 누나
이제나마 명예 졸업장
온 국민의 정성으로 바칩니다

2025년 10월 17일

문주란

문주란의 순백색 꽃잎
통꽃은 무겁다고
제 몸을 갈기갈기 찢어 분산시켰네
각자 살길 찾아가라고 동서남북 흩어져도
마음은 하나라네

2025년 8월 20일

녹색 가을

문광 저수지 가을 나들이에
은행나무 노란 단풍 기대했었지
아직은 삼베옷 입을 때 아니라고
여전히 푸른 제복을 입고 있었네

2025년 10월 20일

기상나팔

시들은 잡초더미 위
칙칙함 털어내고
밝고 환한 얼굴로
굿 모닝!
아침 일찍 기상나팔을 부네

2025년 10월 21일

약탕기의 외출

약탕기가 불을 피해 외출했네
독 위에 앉아 세상 구경 중
그간 제 몸 달구어
끓여내느라 참 수고했네
이제 햇볕 바람 쐬고 잠시 쉬시게

2025년 10월 20일

할아비 웃음

들판에 서 있는 할아비
손자,손녀 기다리며
입은 벌써 웃고 있다
그래, 너희 녀석들 잘 자라게
오늘도 마냥 웃고 있겠다

2025년 10월 19일

따개비

해변가 바위에 올망졸망 따개비
집터를 마련하기까지
얼마나 파도와 싸워야 했던가
저것이 그냥 붙어진 것이 아니다
끝내 파도를 이겨냈기 때문이다

2025년 10월 25일

가화만사성

가족
연구와 공부로 흩어져 살던
딸과 아들 만난 부부 뭉쳐서
요세미티국립공원 여행 행복 하여라
언제 또 함께 하려나
추억의 흔적 남긴다

2025년 7월 29일

갈매기의 꿈

더 높이 더 멀리
조나단 되어 꿈을 키웠네
이제는 고향에 돌아와
안식을 취하네
마침 쉼터는 조수길 여행을 갔지

2025년 9월 13일

註: 안산시 탄도 바닷길에서

포도

포도원에서 일 년 동안
포도송이 알차게 일군 포도나무
그 땀방울과 수고의 열매
탐스런 포도송이
우리의 우정도 알알이 영글었으면

2025년 9월 13일

註: 안산 대부도 포도원에서 (왼쪽부터 김창완 시인, 김형애 시인, 김문선 시인)

허수아비

허수아비
나를 못 본 척하는 걸까

허름해도 좋다 속을 다 내놓은
꾸미지 않는 친구
우리, 친구하자

2025년 9월 13일

여름날의 멜로디

십여 년 애벌레로 암흑 속에 있다가
땅 위 나뭇가지에 청량한 노래 부르고 있네
고작 10여일 생존이지만 사람이라면 백년쯤이겠지
여름날은 길고 풍요로워 즐겁다고 꽥꽥
오리들의 고수 소리

2025년 8월 25일

환희歡喜

환희歡喜

가슴에서 샘솟는 사랑
나만 혼자 파안대소

2025년 4월 1일

망초 나물

망초 한 움큼 든 두 여인
봄을 뜯어 손 안에 넣고
망초나물 식탁에 올리려 한다
봄은 나를 꺾지 말라 한다

2025년 5월 5일

절벽 오르기

기를 쓰며 절벽을 오른다
흙도 없고 물도 없는 곳
그래도 꽃은 피우며
오늘도 온 힘 다하여 오른다
흙수저의 삶처럼 말이다

2025년 11월 9일

제4부

코스모스

빈집 단풍

남편은 작년, 부인은 금년에
자신들의 집을 떠나
우주의 별 되어 반짝이고
빈집 정원에 가을은
떠난 님 그리워 붉게 타고 있다

2025년 11월 7일

註: 우리 집 맞은 편 하얀 집에 60대 부부가 남편은 2024년 7월에 부인은 2025년 5월에 소천하여 빈집이 되었다. 그들의 정원에 심겨진 배롱나무(목백일홍)를 바라보며.

물속 하늘

먹구름으로 무거워진 하늘
저수지에 빠져
잠영하고 있다
햇볕 쨍쨍해지면
말린 몸으로 유유히 하늘로 오르리

2025년 10월 17일

목화 꽃

하얀 목화 꽃
너의 몸에 폭신한 따뜻함 있어
목화솜이 나오지
올 겨울에 목화솜 이불로
냉기를 물리치리라
예전엔 시집갈 때 필수로

2025년 8월 (바다향기 수목원에서)

야무진 꿈

바람에 떨어진 도토리 한 개
다람쥐가 보지 못하여
남겨졌다
다람쥐에게 들키지 않는다면
상수리나무 숲이 형성되는데
앞장설 것이다

2025년 11월 6일

대한민국의 꽃

피었네
우리나라 꽃
무궁화 꽃이 피었네
눈보라 쳐도
먹구름 밀려와도
굳건한 대한민국

2025년 8월 15일

결혼

5년간의 열애로
가슴 녹이더니
오늘 드디어 웨딩 마치
그 사랑 영원토록
EVERGREEN

2025년 6월 19일

게르

몽골 초원에 게르
하얀 구름 아래
바람이 드나드는 곳
난로의 불길로
나그네 가슴을 데운다

2025년 8월 30일

향기

나의 정원 백합
하얀 꽃잎으로 눈부시다
향기는 정원에 그윽한데
벌,나비 취해 쓸어졌는지
보이지 않는다

2025년 5월 20일

해당화

한 송이 해당화 붉게 피어
낮은 자세로 지나는 사람들의
가슴 속에 안긴다
꽃말은
여인의 눈물, 원망, 온화, 미인의 잠결

상추

봄부터 여름 끝 날까지
식탁 위에서 그 푸르름 뽐내더니
어찌 이 몰골이냐?
너도 세월을 빗겨가지 못 하는구나
씨앗으로 여물다가 내년 봄에 보자

정원 석이 좋아

보라색, 주황색, 노란색, 국화밭
하얀 국화는 밭에서 나와
정원 석 사이로 이사해
자태를 뽐내고 있다
"난 순결純潔을 지킬 거야"
서로를 위하는 콤비로구먼

2025년 11월 9일

註: 우리 집 정원 분수대 뒤쪽 정원 석에 피어 있는 하얀 국화

옛집

할아버지 뒷짐 지고 앞마당 거니신다
대청마루에 아버지 기침 소리,
머리에 흰 수건 쓰고
하얀 행주치마 두른 어머니도 보인다
코 흘리게 오남매는 어디에 사는지?

2025년 6월 20일

빌딩

상암 월드컵 운동장 맞은편 빌딩 안
밤, 낮 없이 일하는
수많은 PD 손에서 만들어지는 영상
기쁨, 슬픔, 절망, 희망, 질투, 위로 등
각 TV를 통하여 오늘도 방영 되리라

2025년 4월 10일

끈질긴 생명

폭우에 뿌리 감싸고 있던 흙
무너져 사라지고
공중에 떠 있는 나무들
안간힘 쓰며
녹색 생명 지키는 투지
그래, 버텨보자

2025년 10월 20일

쓰개치마

누구를 은밀히 보는지?
보지 말라고 쓰개치마 입고
두 여인의 가슴에 누가 있나
두근거리는 심장
여인들에게 이미 와 있는 연인戀人

2025년 10월 18일

註: 쓰개치마는 조선시대 여인들이 외출할 때 가리기 위해 입던 겉옷이다

새끼 토끼

새끼 토끼
엄마 배아래서
궁리 중
어디로 가볼까
어미 토끼는 관찰 중

2025년 7월 15일

한글

'한글은 점.직선.동그라미'로 만들었다
· ― ○
자음과 모음을 결합해 하나의 음절을 만든다
가로 방향과 세로 방향으로 규칙적으로
음절을 조합 했다.
　　ㅣ 피리
　　― 그늘

2025년 10월 15일

註: 김슬옹교수의 책『한글교양』에서 발췌된 것 제11세계한글작가대회에서 김슬옹교수 강의 '외국인이 십분 안에 한글로 자신의 이름 쓰기' 영상 중에서

삶을 송두리 체

불암산 바라보며
계절을 함께 한 배나무
배를 봉투에 감추고
갈 곳을 생각 한다
삶을 송두리 체 바칠 그 곳을

2025년 10월 31일

코스모스

가는 허리 긴 목
온 얼굴 분홍으로 물들었네
비바람 모진 날도 있었을텐데
과하지 않고 날씬하게 몸 관리 했나보네
우루루 모여 손잡고 어깨동무하니
가을이 더 아름답다네

감나무

초가집 대문 앞
밤이 되면 불 밝히려나
30촉 전구들이 우루루 모여
가을밤 지키네
홍시되면 순이와 철이 맛있게 먹겠네

장미가족

아빠, 엄마,
딸 하나, 아들 둘
노랑 장미 가족
아침 일찍 일어나 모여서
축복 받은 하루를 찬양

2025년 6월 28일

Albert Camus

알베르 카뮈의 묘소
1957년 노벨문학상을 받은 작가
소설 『이방인』을 썼다
묘소엔 이름과 출생년도 사망연도뿐
방문자 이름이 적힌 조약돌
그 앞에서 딩굴고 있다

2025년 4월 1일

제5부

쓰러진 벼

풋감

지금은 푸르고 떫지만
한 백일 지나면
분홍으로 물들거야
곶감도 만들고 홍시도 되는 날
기다리세요

밤톨 삼형제

기름진 햇살 그리웠나 봐
가시 갑옷 속 밤톨 삼형제
지퍼를 활짝 열고
일광욕 하더니
붉게 물들어가네

복숭아

가을하늘 받들고 있는 토실한 열매
흰 구름 불러 모으고
햇살과 친하더니
붉게 물들어 가네

천도 복숭아

하늘에서
보름달 내려와
대낮을 밝히네
선녀들이 먹다가 떨어뜨렸을까
푸른 잎사귀에 오롯이 앉았네

청포도

내 고장 7월은
청포도가 익어가는 시절
이 마을 전설이 주절이 주절이 열리고
먼데 하늘이 꿈꾸며 들어와 박혀
이육사가 되살아나네

쓰러진 벼

지나간 태풍 같은 된바람에
허리 구부린 것 좀 봐
어차피 무르익어 얌전히 고개 숙이는데
허리를 구부려 놓았네
탈곡하는 농부님 조금 힘들지예

탱글탱글

햇볕은 봐야하고
추위와 비바람 막아주는
농부의 정성의 손길
보답이라도 한 듯
한라봉이 노랗게 탱글탱글

유자나무

귤의 원조랍니다
지조를 지킨다고
감기에 그만이라고
단 것보다 신 것을 고집합니다

무화과

꽃 피고 벌 나비 유혹하는 것이
성격에 맞지 않아
바로 열매로 시작하지요
잘 익어 제 배를 가르시면
속은 오묘하고 아름답지요

앵두나무

7월이면
탱글탱글 물들지요
앵두나무 서 있는 우물가에
가지 마세요
바람날 수 있답니다

배추 밭

지금은 월동준비로
푸르게 푸르게 익어가는 중입니다
예전에는 월동준비하면
김장과 연탄을 준비했지요
지금은 사라진 구공탄 생각납니다

은행나무

푸른 제복의 군인들이 도열하고 반기더니
가을이 여물어 이제는 떠나자고 상복을 입었다
거자필반去者必返
내년 봄에 연두 옷 입고 오겠네

대나무

곧곧하고 푸르름을 보게나
눈비가 와도 거뜬하고
태풍이 와도 무사히 견뎌내지
왜 그런지 아는가 속을 비웠기 때문이지
사람도 덜어내고 줄이고 할 수 있을까

등대

비가 오나 눈이 오나 태풍이 와도
그대로 그 자리 지키고 있네
멀리 뱃길 알려주려고
외로움도 견뎌내는데
나도 외로움 머리에 이고 그러할 수 있을까

성벽과 가로등

한양도성 지금의 서울 명칭
빙 둘러 성벽이 고고하게 남아있다
도시개발로 사라진 곳도 있지만
역사를 입증하는 자료이다
가로등 하나 곁에서 지키고 있다

한강대교

한강대교는 육이오 당시 오직 하나였다
북괴의 탱크가 건너지 못하게
피난민 채 건너지 못했는데 폭파했다
지금은 세계경제 10위 국방력 5위
한강대교는 이제 31개가 되었다

남산 서울타워

강남에서 바라본 남산 서울타워
밤이 되면 중간 둥그런 집
밑의 기둥에서 미세먼지 표시를 한다
쾌청하여 좋으면 푸른 빛
미세먼지가 심하면 붉은 빛

63빌딩

여의도의 등대처럼
우뚝 선 63층의 빌딩
국내에서 최고층 빌딩이었으나
현재는 12위권 밖으로 밀려났다
1985년 완공 당시는 아시아 제일 높은 빌딩이었다
제일 높은 빌딩은 롯데월드타워 123층

덕수궁 돌담길

조선시대 궁궐이었던 덕수궁 돌담길
본래는 행궁이었다 선조 26년에 의주에서
환도한 후 보수하여 궁궐로 삼았다
"비 내리는 덕수궁 돌담 저 길을
우산 없이 혼자서 거니는 사람" 나훈아 노래가
생각난다

청보리 밭

서정적 음악 선율의 초록 물결
바람과 새들의 노래가 하모니로 덮히고
햇살은 청보리의 꿈을 익혀
푸른 하늘 아래 향연饗宴으로 춤춘다

달 바라보기

낮 동안 얼굴 숨기고
달만 생각 하다가
달이 떠오르면
노랑 미소로 환하게 맞이하는
달맞이꽃
이 세상 어둠도 너의 미소로
밝혀 주렴

2025년 5월 25일

창가의 女人

2025년 12월 03일 초판 1쇄 인쇄 발행

지은이   김형애
펴낸이   박종래
펴낸곳   도서출판 명성서림

등록번호   301-2014-013
주소   04625 서울시 중구 필동로 6 (2, 3층)
대표전화   02)2277-2800
팩스   02)2277-8945
이메일   msprint8944@naver.com

값 15,000원
ISBN 979-11-7439-065-3

본 책의 구성 및 맞춤법, 띄어쓰기는 작가의 의도에 따랐습니다.
이 책의 저작권은 저자와 도서출판 명성서림에 있습니다. 무단 전재 및 복제를 금합니다.
이 책 내용의 일부 또는 전부를 재사용하려면 반드시 저자와 도서출판 명성서림의 동의를 얻어야 합니다.
파본은 구입처에서 바꾸어 드립니다.